초등 학교

한자 字
漢

1

상서각

❀ 일러두기 ❀

♣ 이 책은 초등학교 재량활동 시간에 실시하는 漢字 교육용 교재로 활용하기 위해 만든 것으로 6단계 중 1단계입니다. 1단계는 초등학교 1학년 수준을 1권으로 엮었습니다. (1학년 2학기용으로 30글자만 선정하였습니다.)

♣ 이 책은 중학교와의 연계성을 고려하여 가능한 한 중학교 교육용 漢字 범위 내에서 일상 생활에서 많이 사용되는 漢字와 한자어를 선정하였습니다.

♣ 이 책은 총 6단원으로 꾸며졌습니다. 1단원은 5시간 학습량으로 다음과 같은 체제가 반복되므로 지도선생님께서는 참고하여 주시기 바랍니다.

기본 학습 ➡ 탐구 학습 ➡ 읽기·쓰기 학습 ➡ 활용 학습 ➡ 연습 문제 ➡ 놀이 학습
|---------- (3시간) ----------| |----------- (1시간) -----------| |--------- (1시간) ---------|

🐌 기본 학습

학습 목표를 제시하고 학습 상황을 설정하여 새로 배워야 할 漢字를 개념적으로 익히도록 하였습니다.

🔍 탐구 학습

자원 풀이는 1학년임을 감안하여 글자의 뜻을 쉽게 이해하고 오래 기억하도록 하기 위해 탐구 학습 활동 측면에서 다루었습니다.

 읽기 · 쓰기 학습

새로 배우는 漢字의 뜻과 음을 소리내며 한글로 쓰는 과정을 두어 일반 교재의 소홀한 점을 보완하였고 필순에 따라 쓰는 과정을 통해 익히도록 하였습니다.

활용 학습

漢字를 익힌 후에 배운 漢字가 들어간 한자어를 제시하여 일상 생활에서 사용되는 예를 들어 문장 속에서 漢字를 익히도록 하였으며, 한자어를 쉽게 풀이하였고 한자 생각 늘리기를 통해 한자에 대한 이해를 넓히도록 하였습니다.

연습 문제

한 단원을 마치고 학습한 漢字를 연습 문제를 통해 익히고 어느 정도 알고 있는지 스스로 확인해 보도록 하였습니다. 쉬운 漢字는 쓰는 문제까지 제시하였으나 대부분이 뜻과 음을 적는 수준으로 하였습니다.

놀이 학습

지금까지 학습 과정을 거치는 동안 읽고 쓰는 데 중점을 두었기 때문에 흥미도를 높이기 위해 놀이, 게임, 이야기 자료 등을 통해 漢字 공부에 대한 친근감과 학습 효과를 높이도록 하였습니다. 놀이 학습을 강조한 점이 이 책의 특징이라 할 수 있습니다.

❋ 단원 지도 계획 ❋

		단원명	지도 쪽수	시간	비고
1		작은 수	18, 19	1	
			20, 21	1	
			22, 23	1	
			24, 25	1	
			26, 27	1	
2		큰 수	28, 29	1	
			30, 31	1	
			32, 33	1	
			34, 35	1	
			36, 37	1	
3		해와 달	38, 39	1	
			40, 41	1	
			42, 43	1	
			44, 45	1	
			46, 47	1	
4		요일	48, 49	1	
			50, 51	1	
			52, 53	1	
			54, 55	1	
			56, 57	1	
5		위와 아래	58, 59	1	
			60, 61	1	
			62, 63	1	
			64, 65	1	
			66, 67	1	
6		산과 내	68, 69	1	
			70, 71	1	
			72, 73	1	
			74, 75	1	
			76, 77	1	
계				30	

◉ 차 례 ◉

♣ 세계 여러 나라의 글자를 만나 봅시다. 어떤 점이 다른가요?

가

地

ㄷ
ﻕ

か
C
あ
ㅅ
A
天
B
ﺣ
ぬ
ㄴ

♣ 한자는 중국 글자입니다.

天

木

地

♣ 한자의 특징을 알아봅시다.

모양

天

소리 : 천   뜻 : 하늘

한자는 모양, 소리, 뜻으로 이루어졌습니다.
글자의 모양을 자형(字形), 소리를 음(音), 뜻을 훈(訓)이라고
합니다.

10

♣ 한자는 어떻게 만들어졌을까요?

火 → 火 → 火

山 → 山 → 山

木 → 木 → 木

一

二

三

♣ 다음 그림은 어떤 한자로 만들어졌을까요?

水　川　木

日　月　川

日　月　木

♣ 다음 한자는 어떤 것을 보고 만들었을까요?

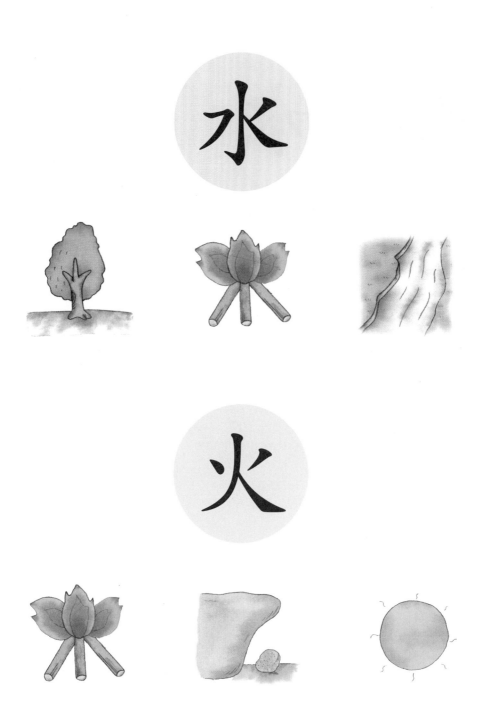

♣ 다음 한자는 무엇을 나타내는 글자일까요?

'하늘' 을 나타내는 글자입니다.

'나무' 를 나타내는 글자입니다.

'땅' 을 나타내는 글자입니다.

한자 쓰는 순서

◆ 한자를 쓰는 순서를 필순이라고 하는데, 이 필순을 제대로 이해하고 있으면 자연스럽게 한자를 써내려 갈 수 있으며, 한자의 구조를 이해하거나 글자를 예쁘게 쓰는 데 큰 도움이 됩니다.

1. 위에서 아래로 씁니다.

　一　　二　　三

2. 왼쪽에서 오른쪽으로 씁니다.

　丿　　刂　　川

3. 가로, 세로가 교차될 때에는 가로 획을 먼저 씁니다.

　一　　十　　土

4. 좌우가 대치되는 글자는 가운데를 먼저 쓰고 왼쪽, 오른쪽의 순서대로 씁니다.

　亅　　亅八　　小

5. 몸과 안이 있을 때에는 몸부터 씁니다.

　冂　　冋　　同

6. 에워싼 글자는 안을 먼저 쓰고, 마지막에 닫습니다.

冂　國　國

7. 가운데를 꿰뚫는 획은 나중에 씁니다.

冖　口　中

8. 허리를 끊는 획은 나중에 씁니다.

乚　乌　母　母

9. 아래로 에운 획은 나중에 씁니다.

乛　九　也

10. 위에서 아래로 에워싼 획은 먼저 씁니다.

フ　力

11. 받침은 나중에 씁니다.

厂　斤　近

12. 오른쪽 위에 있는 점은 맨 나중에 씁니다.

一　大　犬

1. 작은 수

🔶 작은 수를 나타내는 한자(漢字)를 알아봅시다.

一 二 三

四 五

새 로 배 우 는 한 자 ────────────

一 (일) 한 　　　　二 (이) 두 　　　　三 (삼) 셋

四 (사) 넷 　　　　五 (오) 다섯

그림과 글자 살펴보기

◆ 그림을 보며 글자를 눈여겨봅시다.

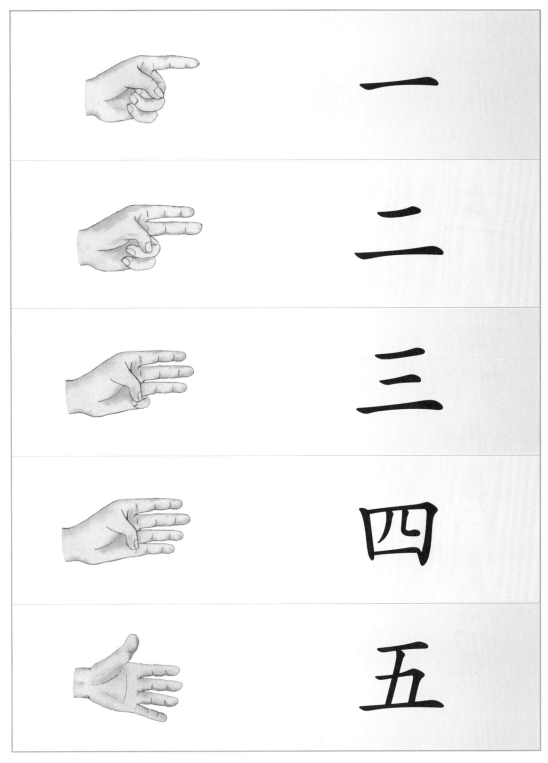

글자 모양 익히기

◆ 모양이 같은 글자에는 ○표, 다른 글자에는 ×표를 하세요.

一 一	四 西
( )	( )
三 五	一 三
( )	( )
二 一	二 二
( )	( )
四 四	一 一
( )	( )
五 五	三 三
( )	( )

20

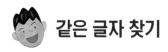 **같은 글자 찾기**

◈ 앞의 글자와 똑같은 글자에 ○표를 하세요.

一 한 **일**	二　　　一　　　三
二 두 **이**	三　　　一　　　二
三 셋 **삼**	一　　　二　　　三
四 넷 **사**	四　　　西　　　田
五 다섯 **오**	六　　　土　　　五

한자의 뜻과 음 익히기

◆ 서로 관계 있는 것끼리 줄(-)로 연결하세요.

一 •

二 •

三 •

四 •

五 •

• 셋 **삼**

• 두 **이**

• 한 **일**

• 넷 **사**

• 다섯 **오**

◆ 그림을 보면서 한자(漢字)의 뜻과 음을 알아봅시다.

一 뜻 한 음 일	손가락을 하나 편 모양으로 1을 나타냄.	● 이 한자는 무슨 뜻인가요?
二 뜻 두 음 이	손가락을 2개 편 모양으로 2를 나타냄.	● 이 한자는 무슨 뜻인가요?
三 뜻 셋 음 삼	손가락을 3개 편 모양으로 3을 나타냄.	● 이 한자는 무슨 뜻인가요?
四 뜻 넷 음 사	에워싼 주위를 나누면 동서남북 네 방위가 된다는 뜻으로 4를 나타냄.	● 이 한자는 무슨 뜻인가요?
五 뜻 다섯 음 오	실을 감는 기구에서 본뜬 글자로 숫자 5를 나타냄.	● 이 한자는 무슨 뜻인가요?

 읽기·쓰기 학습

◆ 아래 한자(漢字)의 뜻과 음을 소리내어 읽으면서 써 봅시다.

一		한 일		
二		두 이		
三		셋 삼		
四		넷 사		
五		다섯 오		

◆ 아래 한자(漢字)를 쓰는 순서에 맞게 써 봅시다.

一	一					
	一					
二	一 二					
	二					
三	一 二 三					
	三					
四	丨 冂 門 四 四					
	四					
五	一 丁 五 五					
	五					

 **활용 학습**

(一) 생활 속의 한자

　　1) 내 동생은 一학년 二반입니다.

　　2) 나는 三학년 四반입니다.

　　3) 二학년은 五반까지 있습니다.

　　4) 우리 교실은 四층에 있습니다.

　　5) 내 친구는 三명 있습니다.

(二) 한자어 풀이

　　1) 一학년(일학년) : 첫째번 학년.

　　2) 三학년 四반(3학년 4반) : 3학년에서 네 번째 반.

　　3) 二학년 五반(2학년 5반) : 2학년에서 다섯 번째 반.

　　4) 四층(4층) : 네 번째 층.

　　5) 三명(3명) : 세 명.

(三) 한자 생각 늘리기

　　▶ 數字(숫자) : 수를 나타내는 글자.

　　　예 一, 二, 三, 四, 五

◑ 다음 한자(漢字)의 뜻과 음을 써 봅시다.

1. 二 (   )   2. 四 (   )

3. 五 (   )   4. 三 (   )

◑ 다음 빈 칸에 한자(漢字)나 한자(漢字)의 음을 써 봅시다.

5.   삼   사   오   6.   一   三   二

◑ 다음 뜻과 음에 맞는 한자(漢字)를 선으로 이어 봅시다.

7. 셋 삼   •   • 五

8. 다섯 오 •   • 三

9. 넷 사   •   • 四

10. 꽃은 몇 송이인가요? 알맞은 한자에 ○ 표를 해 봅시다.

① 四 (   )

② 五 (   )

③ 三 (   )

④ 二 (   )

놀이 학습 숫자잇기

◑ 숫자 순서대로 이어 봅시다.

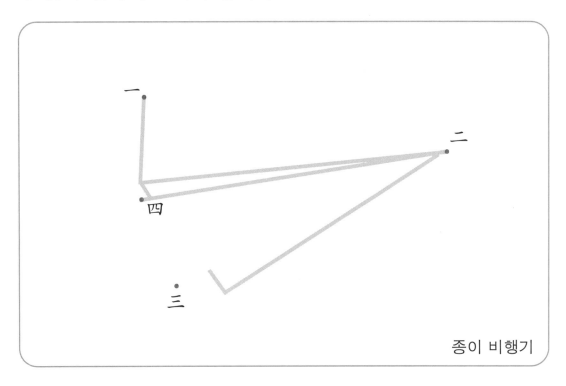

종이 비행기

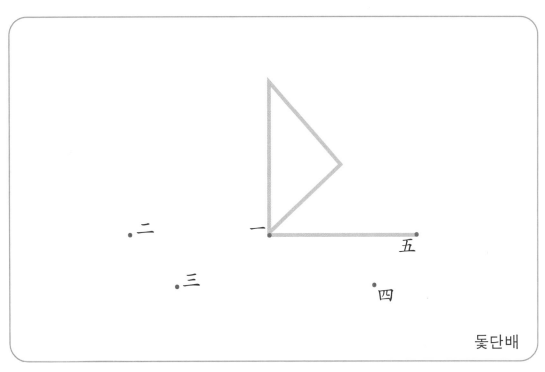

돛단배

2. 큰 수

 기본 학습

◆ 큰 수를 나타내는 한자(漢字)를 알아봅시다.

六   七   八
九   十

새 로 배 우 는 한 자

六 (륙, 육) 여섯   七 (칠) 일곱   八 (팔) 여덟

九 (구) 아홉   十 (십) 열

그림과 글자 살펴보기

◆ 그림을 보며 글자를 눈여겨봅시다.

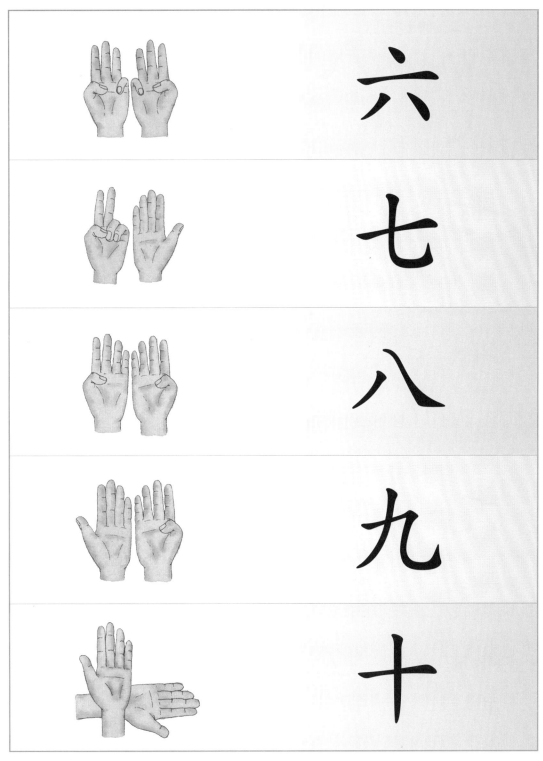

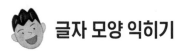 **글자 모양 익히기**

◆ 모양이 같은 글자에는 ○표, 다른 글자에는 ✕표를 하세요.

六 八	九 九
( )	( )
七 七	十 三
( )	( )
十 十	六 六
( )	( )
九 六	八 八
( )	( )
八 五	七 三
( )	( )

30

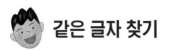

◆ 앞의 글자와 똑같은 글자에 ○표를 하세요.

六 여섯 **륙(육)**	六	大	七
七 일곱 **칠**	七	大	六
八 여덟 **팔**	人	入	八
九 아홉 **구**	人	九	馬
十 열 **십**	十	土	日

31

◆ 서로 관계 있는 것끼리 줄(-)로 연결하세요.

六 ·

七 ·

八 ·

九 ·

十 ·

· 여섯 **륙(육)**

· 여덟 **팔**

· 일곱 **칠**

· 열 **십**

· 아홉 **구**

◆ 그림을 보면서 한자(漢字)의 뜻과 음을 알아봅시다.

六		• 이 한자는 무슨 뜻인가요?
뜻	여섯	
음	**륙, 육**	六은 양 손의 세 손가락을 편 모양을 본뜬 글자로 6을 나타냄.

七		• 이 한자는 무슨 뜻인가요?
뜻	일곱	
음	**칠**	十자의 아래로 내려 긋는 획을 세 번 구부려 열에서 셋을 뺀 수인 '일곱'을 나타냄.

八		• 이 한자는 무슨 뜻인가요?
뜻	여덟	
음	**팔**	두 손을 네 손가락씩 펴서 들어 보이는 모양을 본뜬 글자로 8을 나타냄.

九		• 이 한자는 무슨 뜻인가요?
뜻	아홉	
음	**구**	열 십(十)에서 하나 모자란다는 뜻으로 가로선을 구부려 9를 나타냄.

十		• 이 한자는 무슨 뜻인가요?
뜻	열	
음	**십**	두 손을 그림처럼 엇갈린 모습을 본뜬 것으로 10을 나타냄.

 **읽기·쓰기 학습**

◆ 아래 한자(漢字)의 뜻과 음을 소리내어 읽으면서 써 봅시다.

六	여섯 **륙, 육**	여섯 륙, 육		
七	일곱 **칠**	일곱 칠		
八	여덟 **팔**	여덟 팔		
九	아홉 **구**	아홉 구		
十	열 **십**	열 십		

◆ 아래 한자(漢字)를 쓰는 순서에 맞게 써 봅시다.

六	六				
七	七				
八	八				
九	九				
十	十				

활용 학습

(一) 생활 속의 한자

1) 우리 나라에서 제일 높은 건물은 六三 빌딩입니다.

2) 七월 七석은 견우와 직녀가 만난다는 날입니다.

3) 광복절은 八월 十五일입니다.

4) 九九단은 二학년에서 배웁니다.

5) 六월 六일은 현충일입니다.

(二) 한자어 풀이

1) 六三(육삼) 빌딩 : 서울 여의도에 있는 63층 빌딩의 이름을 줄여서 일컫는 말.

2) 七월 七석(7월 7석) : 음력으로 7월 7일 견우와 직녀가 만난다는 날.

3) 八월 十五일(8월 15일) : 광복절.

4) 九九단(구구단) : 곱셈을 할 때 쓰이는 공식.

5) 六월 六일(유월 육일) : 현충일.

   ※ '六'의 발음은 '륙', '육'이지만, '六월'이라고 할 때는 '유월'로 발음됨.

(三) 한자 생각 늘리기

▶ 획수 : 한번 연필을 대었다 뗄 때까지의 그은 점이나 선을 1획으로 셈합니다.

   예 一(1획)   二(2획)   九(2획)

◑ 다음 한자(漢字)와 관련이 있는 수를 줄로 이어 봅시다.

1. 四 •   • 8

2. 八 •   • 6

3. 六 •   • 4

4. 九 •   • 9

◑ 다음 그림에 알맞은 수를 한자(漢字)로 써 봅시다.

5.

◑ 숫자만큼 색칠해 봅시다.

6.

五	○ ○ ○ ○ ○ ○ ○ ○ ○ ○
八	○ ○ ○ ○ ○ ○ ○ ○ ○ ○
九	○ ○ ○ ○ ○ ○ ○ ○ ○ ○

◑ 다음 한자(漢字)의 뜻과 음을 선으로 이어 봅시다.

7. 四 •   • 여섯 •   • 륙

8. 六 •   • 넷 •   • 사

9. 十 •   • 아홉 •   • 십

10. 九 •   • 열 •   • 구

과녁맞히기

◑ 친구들과 과녁맞히기를 했습니다.
누가 이겼을까요?

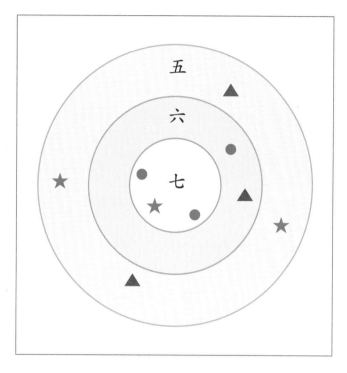

★미경   ▲영희   ●기수

이름 \ 점수	5점	6점	7점	계
영 희	회	회	회	점
기 수	회	회	회	점
미 경	회	회	회	점

3. 해와 달

◆ 일시에 관한 한자(漢字)를 알아봅시다.

年

月

日

時

2003年

三 月
四 日
七 時
五 分

分

새 로 배 우 는 한 자

年 (년) 해   月 (월) 달   日 (일) 날, 해

時 (시) 때   分 (분) 나누다

◆ 그림을 보며 글자를 눈여겨봅시다.

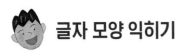 **글자 모양 익히기**

◆ 모양이 같은 글자에는 ○표, 다른 글자에는 ✕표를 하세요.

月 目	日 目
( )	( )
日 日	時 時
( )	( )
年 午	分 力
( )	( )
時 寺	年 年
( )	( )
分 分	月 月
( )	( )

 **같은 글자 찾기**

◆ 앞의 글자와 똑같은 글자에 ○표를 하세요.

年 해 **년**	午	年	五
月 달 **월**	日	目	月
日 날,해 **일**	日	月	目
時 때 **시**	詩	時	特
分 나눌 **분**	公	分	年

한자의 뜻과 음 익히기

◆ 서로 관계 있는 것끼리 줄(-)로 연결하세요.

年 ·

月 ·

日 ·

時 ·

分 ·

· 해 **년**

· 달 **월**

· 나눌 **분**

· 때 **시**

· 날 **일**

◆ 그림을 보면서 한자(漢字)의 뜻과 음을 알아봅시다.

年	농부가 곡식을 거두어 들이는 것은 1년에 한 번이라는 데서 '해'라는 뜻이 있음.	• 이 한자는 무슨 뜻인가요?
뜻 해 음 년		
月	달의 모양을 본떠서 달을 나타냄.	• 이 한자는 무슨 뜻인가요?
뜻 달 음 월		
日	해의 모양을 본떠서 해(날)를 나타냄.	• 이 한자는 무슨 뜻인가요?
뜻 날, 해 음 일		
時	日과 寺가 합쳐져 만들어진 글자로 절에서 종을 쳐 때를 알려 준다는 뜻으로 시간을 나타냄.	• 이 한자는 무슨 뜻인가요?
뜻 때 음 시		
分	八 + 刀 → 分 (여덟 팔) (칼 도) 칼로 쪼개어 나눈다는 뜻으로 '나누다'의 뜻이 됨.	• 이 한자는 무슨 뜻인가요?
뜻 나눌 음 분		

◆ 아래 한자(漢字)의 뜻과 음을 소리내어 읽으면서 써 봅시다.

年	해 **년**	해 년		
月	달 **월**	달 월		
日	날,해 **일**	날,해 일		
時	때 **시**	때 시		
分	나눌 **분**	나눌 분		

◆ 아래 한자(漢字)를 쓰는 순서에 맞게 써 봅시다.

年	ノ 年					
	年					
月	ノ 刀 月 月					
	月					
日	l 冂 日 日					
	日					
時	日 日 日 昨 昨 時 時					
	時					
分	ノ 八 今 分					
	分					

 활용 학습

(一) 생활 속의 한자

1) 내 동생은 2000年 三月 一日에 태어났습니다.

2) 一年은 12달입니다.

3) 음력 八月 十五日은 추석입니다.

4) 오늘은 몇 月 며칠입니까?

5) 나는 매일 八時 三十分에 학교에 갑니다.

(二) 한자어 풀이

1) 三月 一日(삼월 일일) : 삼일절.

2) 一年(일년) : 한 해.

3) 八月 十五日(팔월 십오일) : 음력으로는 추석, 양력으로는 광복절.

(三) 한자 생각 늘리기

▶ 일시를 나타내는 단위

年 —— 月 —— 日 —— 時 —— 分
년　　월　　일　　시　　분

 연습 문제

◑ 다음을 한자(漢字)로 써 봅시다.

1. 년   월   일

2. 시   분

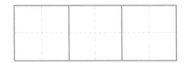

◑ 다음 한자(漢字)를 읽어 봅시다.

3. 七   時   4. 三   月   四   日

   (   )   (   )

◑ 다음 그림에 알맞은 한자(漢字)를 보기에서 골라 써 봅시다.

보기   月   木   日   水

5.

6.

◑ 다음 한자(漢字)의 뜻과 음을 써 봅시다.

7. 時 (   )

8. 年 (   )

9. 月 (   )

◑ 다음 뜻과 음을 나타내는 한자(漢字)를 써 봅시다.

10. 날, 해 일

자동판매기에서 음료 뽑기

◑ 자동판매기에서 캔음료를 뽑으려고 합니다. 동전을 넣고 단추를 누르면 어떤 캔이 내려올까요?

아래 표의 해당되는 곳에 ○표 해 봅시다.

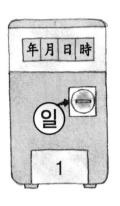

	年	月	日	時
1				
2				
3				
4				

4. 요일

◆ 요일에 관한 한자(漢字)를 알아봅시다.

火   水   木

金   土

2005年   五月

日	月	火	水	木	金	土
1	2	3	4	5	6	7

새 로 배 우 는 한 자

火 (화) 불   水 (수) 물   木 (목) 나무

金 (금) 쇠   土 (토) 흙

48

그림과 글자 살펴보기

◆ 그림을 보며 글자를 눈여겨봅시다.

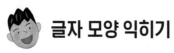 **글자 모양 익히기**

◆ 모양이 같은 글자에는 ○표, 다른 글자에는 ×표를 하세요.

火	火	木	水
(	)	(	)
水	木	土	士
(	)	(	)
木	木	火	人
(	)	(	)
金	全	水	水
(	)	(	)
土	土	金	金
(	)	(	)

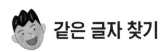 **같은 글자 찾기**

◇ 앞의 글자와 똑같은 글자에 ○표를 하세요.

火 불 **화**	女	火	交
水 물 **수**	木	水	氷
木 나무 **목**	火	本	木
金 쇠 **금**	企	年	金
土 흙 **토**	土	士	上

◆ 서로 관계 있는 것끼리 줄(-)로 연결하세요.

火 ·

水 ·

木 ·

金 ·

土 ·

· 나무 **목**

· 물 **수**

· 불 **화**

· 쇠 **금**

· 흙 **토**

52

◆ 그림을 보면서 한자(漢字)의 뜻과 음을 알아봅시다.

火		• 이 한자는 무슨 뜻인가요?
뜻 불 음 **화**	불이 타는 모양을 본떠서 불을 나타냄.	
水		• 이 한자는 무슨 뜻인가요?
뜻 물 음 **수**	물이 흐르는 모양을 본떠서 물을 나타냄.	
木		• 이 한자는 무슨 뜻인가요?
뜻 나무 음 **목**	나무의 모양을 본떠서 나무를 나타냄.	
金		• 이 한자는 무슨 뜻인가요?
뜻 쇠 음 **금**	거푸집에 담긴 쇳조각의 모양을 본떠서 쇠를 나타냄.	
土		• 이 한자는 무슨 뜻인가요?
뜻 흙 음 **토**	새싹이 흙에서 돋아나는 모양을 본떠서 흙을 나타냄.	

읽기·쓰기 학습

◇ 아래 한자(漢字)의 뜻과 음을 소리내어 읽으면서 써 봅시다.

火	불 **화**	불 화		
水	물 **수**	물 수		
木	나무 **목**	나무 목		
金	쇠 **금**	쇠 금		
土	흙 **토**	흙 토		

◇ 아래 한자(漢字)를 쓰는 순서에 맞게 써 봅시다.

火	丶 丷 ⺍ 火							
	火							
水	亅 刁 水 水							
	水							
木	一 十 才 木							
	木							
金	丿 人 亼 今 全 全 余 金							
	金							
土	一 十 土							
	土							

 **활용 학습**

一 생활 속의 한자

1) 도로나 다리 등을 건설하는 일을 土木 공사라고 합니다.

2) 우리는 등교하는 土요일엔 四시간 수업을 합니다.

3) 우리 가족은 日요일에 가족 소풍을 갑니다.

4) 일 주일은 日, 月, 火, 水, 木, 金, 土의 순으로 되어 있습니다.

二 한자어 풀이

1) 土木(토목) : 흙과 나무.

2) 木石(목석) : 나무와 돌. 감정이 적은 사람.

三 한자 생각 늘리기

▶ 서로 뜻이 맞서는 한자.

火(불) ◀━━▶ 水(물)

▶ 한자 읽기

金은 '요일'이나 '쇠'의 뜻으로 쓰일 때는 '금'이라고 읽지만, 사람의 '성씨'를 나타낼 때는 '김'이라고 읽습니다.

◑ 그림에 맞는 한자(漢字)를 선으로 이어 봅시다.

1. · · 火

2. · · 木

3. · · 水

◑ 다음 ( ) 안에 알맞은 한자(漢字)의 번호를 써 봅시다.

4. | 2002년( )   4월( )   7일( ) |

① 月   ② 年   ③ 日   ④ 火

◑ 다음 한자(漢字)의 음을 써 봅시다.

5. 土 ➡ ◯

◑ 다음 뜻과 음을 가진 한자(漢字)를 써 봅시다.

6. 달 월 [ ]   7. 쇠 금 [ ]   8. 흙 토 [ ]

◑ 다음 물음에 알맞은 것을 골라 번호를 ( ) 안에 써 넣어 봅시다.

9. '달'이라는 뜻을 가진 한자(漢字)는 어느 것인가요?··( )
  ① 年   ② 日   ③ 月   ④ 金

10. '土'는 무엇을 뜻하는 한자(漢字)인가요?·········( )
  ① 흙   ② 물   ③ 달   ④ 불

놀이학습 낚시놀이

◗ 낚시꾼이 낚시를 합니다. 어항 속의 어떤 물고기를 낚아야 할까요?

해당되는 곳에 ○표를 해 봅시다.

고기 낚시꾼	일	월	화	수	목	금	토
1							
2							
3							
4							

5. 위와 아래

◆ 위치를 나타내는 한자(漢字)를 알아봅시다.

새로 배우는 한자

上 (상) 위　　　中 (중) 가운데　　　下 (하) 아래

左 (좌) 왼쪽　　　右 (우) 오른쪽

그림과 글자 살펴보기

◆ 그림을 보며 글자를 눈여겨봅시다.

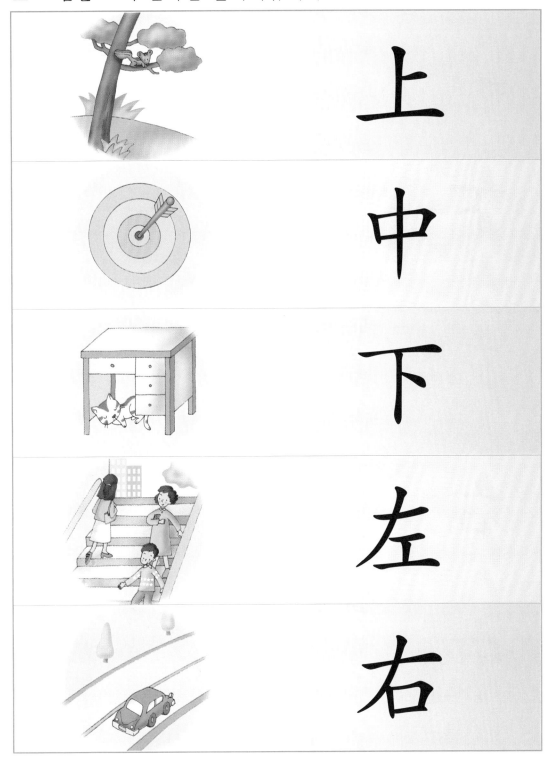

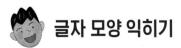

◆ 모양이 같은 글자에는 ○표, 다른 글자에는 ✕표를 하세요.

上	下	左	中
(	)	(	)
下	下	上	上
(	)	(	)
左	左	中	中
(	)	(	)
右	中	下	上
(	)	(	)
中	右	右	右
(	)	(	)

그림과 글자 살펴보기

◇ 앞의 글자와 똑같은 글자에 ○표를 하세요.

上 위 **상**	下	上	止
中 가운데 **중**	下	牛	中
下 아래 **하**	右	上	下
左 왼쪽 **좌**	左	下	上
右 오른쪽 **우**	右	中	日

한자의 뜻과 음 익히기

◆ 서로 관계 있는 것끼리 줄(-)로 연결하세요.

上 •

中 •

下 •

左 •

右 •

• 아래 **하**

• 왼쪽 **좌**

• 오른쪽 **우**

• 위 **상**

• 가운데 **중**

◆ 그림을 보면서 한자(漢字)의 뜻과 음을 알아봅시다.

上	⬤ ━━ → ㅗ → 上	• 이 한자는 무슨 뜻인가요?
뜻 위 음 상	물체가 그릇 위에 있는 모양으로 '위'를 뜻함.	
中	◉ → 中 → 中	• 이 한자는 무슨 뜻인가요?
뜻 가운데 음 중	사물 한가운데를 꿰뚫은 모양으로 '가운데'를 뜻함.	
下	━━ ⬤ → ㅎ → 下	• 이 한자는 무슨 뜻인가요?
뜻 아래 음 하	물체가 아래에 있는 모양으로 '아래'를 뜻함.	
左	→ ㅑ → 左	• 이 한자는 무슨 뜻인가요?
뜻 왼쪽 음 좌	목수가 왼손에 자를 든 모양으로 왼쪽의 뜻이 됨.	
右	→ 右 → 右	• 이 한자는 무슨 뜻인가요?
뜻 오른쪽 음 우	오른손으로 음식을 먹는 모습으로 오른쪽을 나타냄.	

◆ 아래 한자(漢字)의 뜻과 음을 소리내어 읽으면서 써 봅시다.

上	위 **상**	위 상		
中	가운데 **중**	가운데 중		
下	아래 **하**	아래 하		
左	왼쪽 **좌**	왼쪽 좌		
右	오른쪽 **우**	오른쪽 우		

◆ 아래 한자(漢字)를 쓰는 순서에 맞게 써 봅시다.

上	丨 ㅏ 上 上				
中	丨 冂 口 中 中				
下	一 丁 下 下				
左	一 ナ 大 存 左 左				
右	ノ ナ 大 右 右 右				

一 생활 속의 한자

　1) 성적표에 성적이 上中下로 기록되어 있습니다.

　2) 길을 건널 때에는 左右를 잘 살피고 건너야 안전합니다.

　3) 생활 下水가 물을 오염시킵니다.

　4) 마을 입구에 '天下 대장군'이 있습니다.

　5) 형은 水上 스키를 좋아합니다.

二 한자어 풀이

　1) 上中下(상중하) : 위, 가운데, 아래.

　2) 左右(좌우) : 왼쪽, 오른쪽.

　3) 下水(하수) : 빗물이나 집에서 쓰고 버리는 물.

　4) 天下(천하) : 하늘 아래.

　5) 水上(수상) : 물 위.

三 한자 생각 늘리기

　▶ 서로 뜻이 맞서는 한자

　　上(위) ◀──▶ 下(아래)　　左(왼쪽) ◀──▶ 右(오른쪽)

　▶ 한자의 활용

　　| 中 | → 中間(중간)

　　| 上 | → 水上(수상), 山上(산상), 地上(지상)

◑ 서로 알맞은 것끼리 선으로 이어 봅시다.

1. 위   •   • 上

2. 가운데 •   • 下

3. 아래   •   • 中

◑ 다음 한자(漢字)의 뜻과 음을 써 봅시다.

4. 左 (   )

5. 右 (   )

6. 中 (   )

◑ 다음 뜻을 가리키는 한자(漢字)에 ○표를 하여 봅시다.

7. 위 (上, 下)   8. 가운데 (左, 中)

◑ 다음 뜻을 가진 한자(漢字)를 써 봅시다.

9. 위   10. 아래

11. 다음 한자(漢字) 중 '왼쪽'을 나타내는 것은 어느 것인가
     요? ·······························(   )

     ① 左   ② 上   ③ 右   ④ 中

색칠하기

◑ 개미굴을 색칠하여 봅시다.

'위'라는 뜻의 굴에는 빨간색, '아래'라는 뜻의 굴에는 파란색을 칠하여 봅시다. 또 '가운데'라는 뜻의 굴에는 노란색을 칠하여 봅시다.

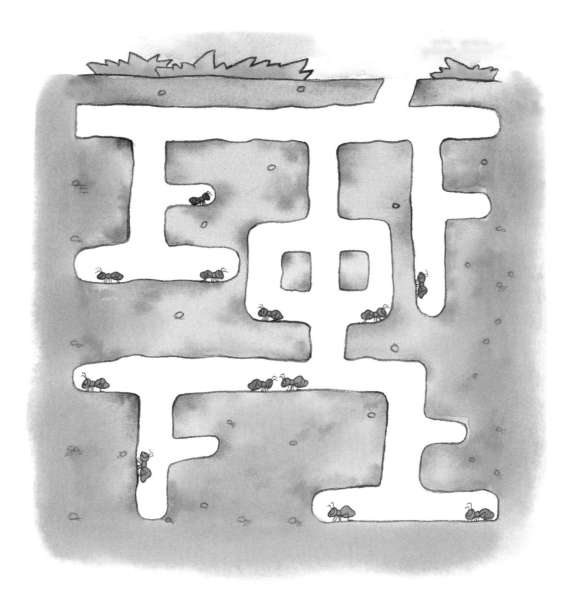

6. 산과 내

◆ 산과 내를 나타내는 한자(漢字)를 알아봅시다.

새 로 배 우 는 한 자

山 (산) 산   川 (천) 내, 개울   石 (석) 돌

田 (전) 밭   草 (초) 풀

68

◆ 그림을 보며 글자를 눈여겨봅시다.

山

川

石

田

草

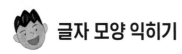

◆ 모양이 같은 글자에는 ○표, 다른 글자에는 ×표를 하세요.

山	山	石	石
(	)	(	)
川	三	草	花
(	)	(	)
石	右	山	出
(	)	(	)
田	田	川	川
(	)	(	)
草	草	田	口
(	)	(	)

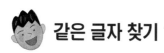 같은 글자 찾기

◇ 앞의 글자와 똑같은 글자에 ○표를 하세요.

山 산 산	山	上	出
川 내 천	刀	川	井
石 돌 석	左	石	右
田 밭 전	日	由	田
草 풀 초	草	育	音

◆ 서로 관계 있는 것끼리 줄(-)로 연결하세요.

山 ·

川 ·

石 ·

田 ·

草 ·

· 내 천

· 산 산

· 밭 전

· 돌 석

· 풀 초

◆ 그림을 보면서 한자(漢字)의 뜻과 음을 알아봅시다.

山	山의 모양 → 山 → 山	• 이 한자는 무슨 뜻인가요?
뜻 산 음 **산**	산의 모양을 본떠서 만든 글자로 '산'을 나타냄.	
川	川 → 川 → 川	• 이 한자는 무슨 뜻인가요?
뜻 내 음 **천**	시냇물이 흐르는 모양을 본떠서 만든 글자로 '내'를 뜻함.	
石	石 → 石 → 石	• 이 한자는 무슨 뜻인가요?
뜻 돌 음 **석**	언덕 아래에 있는 돌의 모양을 본뜬 글자로 '돌'을 뜻함.	
田	田 → 田 → 田	• 이 한자는 무슨 뜻인가요?
뜻 밭 음 **전**	넓은 밭의 모양을 본뜬 글자로 '밭'을 나타냄.	
草	草 → 草 → 草	• 이 한자는 무슨 뜻인가요?
뜻 풀 음 **초**	이른 봄 풀잎이 움튼다는 뜻으로 '풀'을 나타냄.	

◆ 아래 한자(漢字)의 뜻과 음을 소리내어 읽으면서 써 봅시다.

山	산 **산**	산 산		
川	내 **천**	내 천		
石	돌 **석**	돌 석		
田	밭 **전**	밭 전		
草	풀 **초**	풀 초		

◆ 아래 한자(漢字)를 쓰는 순서에 맞게 써 봅시다.

山	ㅣ 凵 山 山
川	ㅣ 丿 川 川
石	一 ㄱ 丆 石 石 石
田	ㅣ 冂 日 田 田 田
草	丶 丷 艹 艹 芢 苩 苩 萺 草 草

74

 **활용 학습**

一 생활 속의 한자

　1) 우리 나라는 山水가 아름다운 곳이 많습니다.

　2) 할머니께서는 "고향 山川이 눈에 선하다."고 하셨습
　　니다.

　3) 여름철에는 山과 들에 草木이 무성합니다.

　4) 火田에 핀 메밀꽃이 아름답습니다.

二 한자어 풀이

　1) 山水(산수) : 산과 물.

　2) 山川(산천) : 산과 내.

　3) 草木(초목) : 풀과 나무.

　4) 火田(화전) : 초목에 불을 질러 밭을 일구어 농사를
　　짓는 밭.

三 한자 생각 늘리기

　▶한자의 활용

　　山 ➡ 山川 (산천), 山水 (산수)

 연습 문제

◗ 다음 그림을 나타내는 한자(漢字)를 선으로 이어 봅시다.

1. · · 田

2. · · 石

3. · · 山

◗ 다음 한자어를 읽어 봅시다.

4. 山川 ◯ ◯

5. 草木 ◯ ◯

◗ 다음 뜻과 음을 나타내는 한자(漢字)를 써 봅시다.

6. 돌 석 ☐   7. 풀 초 ☐

◗ 다음 한자(漢字)의 뜻과 음을 써 봅시다.

8. 山 (   )

9. 田 (   )

10. 川 (   )

76

놀이 학습 화분 받침대 놓기

◑ 응접실 화분에 받침대가 없습니다.
  어떤 받침대 위에 놓아야 할까요? 한자(漢字)와 음을 바르
게 선으로 이어 봅시다.

이 책에서
새로 배운 한자

1. 작은 수

一　(일)　한
二　(이)　두
三　(삼)　셋
四　(사)　넷
五　(오)　다섯

2. 큰 수

六　(륙, 육)　여섯
七　(칠)　일곱
八　(팔)　여덟
九　(구)　아홉
十　(십)　열

3. 해와 달

年　(년)　해
月　(월)　달
日　(일)　날, 해
時　(시)　때
分　(분)　나누다

4. 요일

火　(화)　불
水　(수)　물
木　(목)　나무
金　(금)　쇠
土　(토)　흙

5. 위와 아래

上　(상)　위

中　(중)　가운데

下　(하)　아래

左　(좌)　왼쪽

右　(우)　오른쪽

6. 산과 내

山　(산)　산

川　(천)　내, 개울

石　(석)　돌

田　(전)　밭

草　(초)　풀

● 카 드 맞 추 기 ●

다음 카드를 점선대로 오린 다음, 한자 카드와
그 한자의 음과 뜻을 나타내는 카드를 찾아 서로
짝지어 보면서 한자 공부를 해 봅시다.

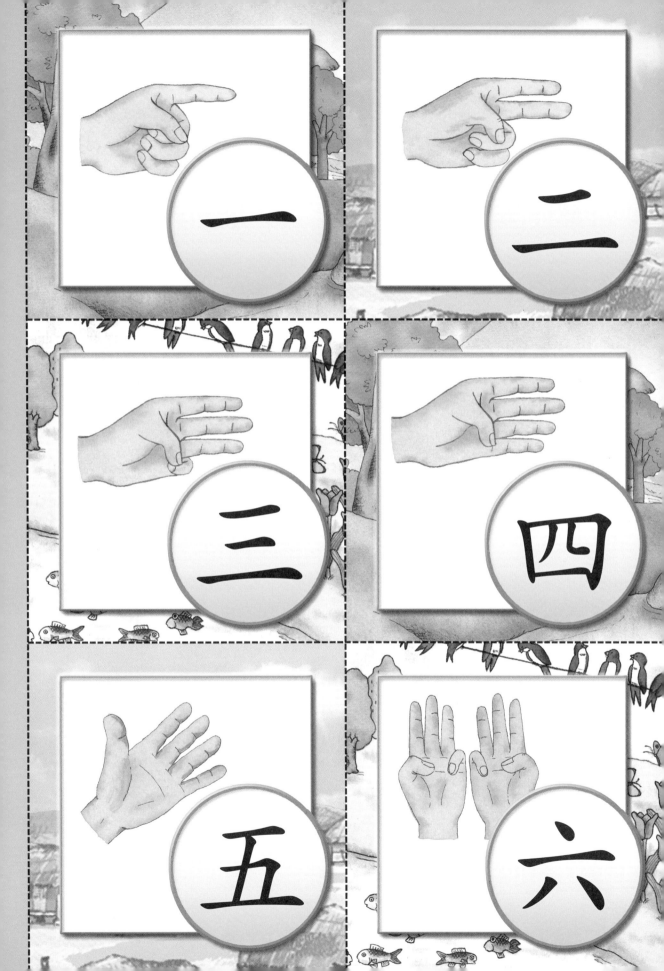

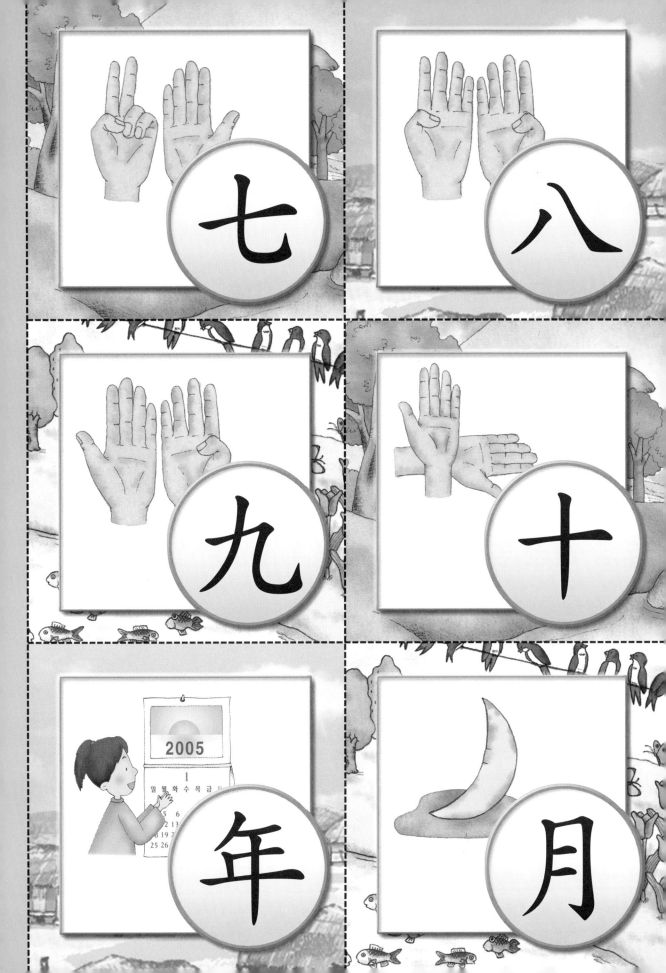

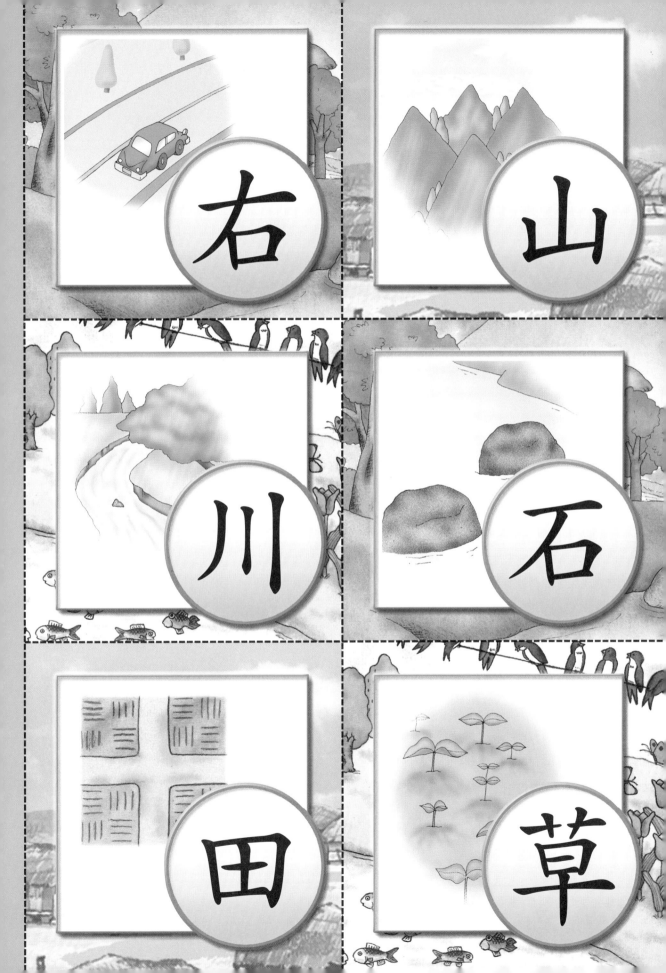

한	두
일	**이**

셋	넷
삼	**사**

다섯	여섯
오	**륙,육**

일곱	여덟
칠	**팔**
아홉	열
구	**십**
해	달
년	**월**

날, 해	때
일	**시**
나누다	불
분	**화**
물	나무
수	**목**

쇠	흙
금	토

위	가운데
상	중

아래	왼쪽
하	좌

오른쪽

우

산

산

내, 개울

천

돌

석

밭

전

풀

초

◾ 연구위원 ◾

· 김윤중 (일산 현산초등학교 교장)　　· 양세열 (광주 효동초등학교 교장)
· 이동태 (서울 예일초등학교 교장)　　· 홍진복 (서울 신사초등학교 교장)

◾ 집필위원 ◾

· 홍진복 (서울 신사초등학교 교장)　　· 이동태 (서울 예일초등학교 교장)
· 홍경희 (대구 송정초등학교 교감)　　· 양복실 (서울 수색초등학교 교사)
· 이영희 (한자사랑교육연구회 연구위원)

◾ 삽 화 ◾

· 김동문

초등 학교 **한자** 1 단계

2008년 1월 30일 2판 1쇄 발행
2020년 2월 20일 2판 12쇄 발행

지은이 · 홍진복 외 4인
발행인 · 김표연
펴낸곳 · (주)상서각

등록 · 2015. 6. 10.(제25100-2015-000051호)
주소 · 경기도 고양시 일산동구 성현로 513번길 34
전화 · (02)387-1330　　FAX · (02)356-8828